MÁQUINAS SIMPLES
LAS PALANCAS
SON MÁQUINAS
DOUGLAS BENDER
Traducción de Milly Blanco
Un libro de Las Raíces Plus de Crabtree
CRABTREE
Publishing Company
www.crabtreebooks.com

Apoyos de la escuela a los hogares para cuidadores y maestros

Este libro ayuda a los niños en su desarrollo al permitirles practicar la lectura. Abajo están algunas preguntas guía para ayudar al lector a fortalecer sus habilidades de comprensión. En rojo hay algunas opciones de respuesta.

Antes de leer:

- ¿De qué pienso que tratará este libro?
  - *Pienso que este libro trata sobre una simple máquina llamada palanca.*
  - *Pienso que este libro trata sobre las palancas que usamos todos los días.*
- ¿Qué quiero aprender sobre este tema?
  - *Quiero aprender las diferentes palancas de mi mundo.*
  - *Quiero aprender más sobre máquinas simples.*

Durante la lectura:

- Me pregunto por qué...
  - *Me pregunto por qué las palancas pueden ser grandes o pequeñas.*
  - *Me pregunto por qué algunas máquinas simples no tienen piezas en movimiento.*
- ¿Qué he aprendido hasta ahora?
  - *Aprendí que la chapa de una lata de soda es una palanca pequeña.*
  - *Aprendí que un balancín es una gran palanca.*

Después de leer:

- ¿Qué detalles aprendí de este tema?
  - *Aprendí que una caña de pescar es un tipo de palanca.*
  - *Aprendí que mi brazo puede ser usado como palanca.*
- Lee el libro una vez más y busca las palabras del vocabulario.
  - *Veo la palabra* ***eje*** *en la página 9 y las palabras* ***caña de pescar*** *en página 18. Las demás palabras del vocabulario están en la página 23.*

Esto es una **palanca**.

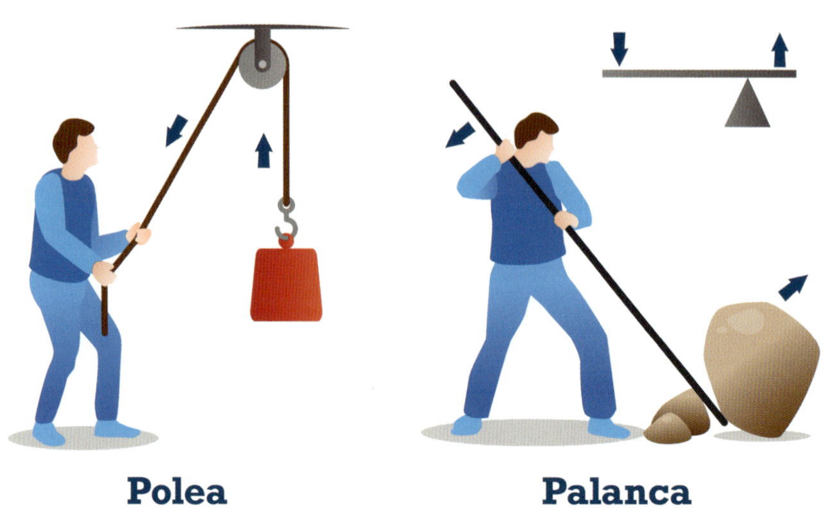

Una palanca es una **máquina simple**. Hay seis máquinas simples.

Cuña

Plano Inclinado

Rueda y Eje

Las máquinas simples tienen pocas o ningunas piezas en movimiento.

Las palancas nos ayudan a mover las cosas más fácilmente.

Una palanca utiliza una **barra** larga o corta.

El **eje** se convierte en un punto de apoyo.

Cuando empujamos hacia abajo en un extremo de la barra, la **carga** se eleva en el otro extremo.

barra
eje
carga

Algunas palancas son grandes.

Algunas palancas son pequeñas.

La chapa de una lata de soda es una palanca pequeña.

Un **balancín** es una gran palanca.

¡Sarah y Tom se mueven hacia arriba y hacia abajo en el balancín!

Una **caña de pescar** es también una palanca.

¡Incluso tu brazo puede ser una palanca!

Lista de palabras

Palabras básicas

abajo
algunas
ayudan
brazo
corta
de
en
es
esto
grandes
incluso
la
larga
movimiento
ningunas
o
otro
pequeña
piezas
pocas
puede
ser
soda
son
también
tu
un
una
utiliza

Palabras para conocer

balancín

barra

caña de pescar

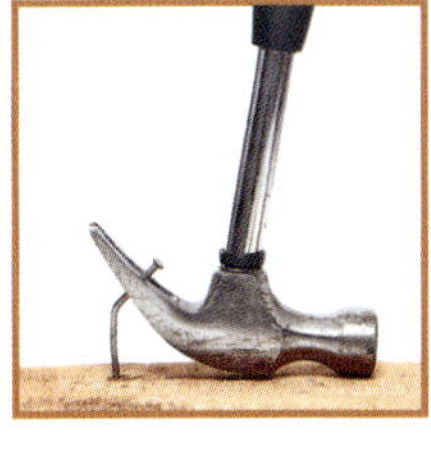

carga

eje

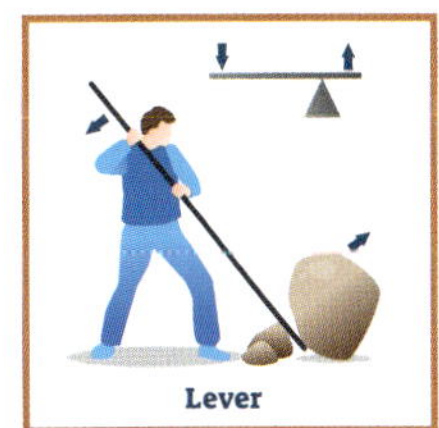

máquina simple

palanca

MÁQUINAS SIMPLES

LAS PALANCAS SON MÁQUINAS

Written by: Douglas Bender
Translation to Spanish: Milly Blanco
Designed by: Rhea Wallace
Series Development: James Earley
Proofreader: Janine Deschenes
Educational Consultant: Marie Lemke M.Ed.

Photographs:
Shutterstock: logoboom: cover, pg 1; JN999: p. 3, 23; Granpa: p. 7; Tetiana Cherkasgyna: p. 8, 9, 23; Rozhov Denis: p. 11; Olga Rolenko: p. 12; richard johnson: p. 13; Somchai Son: p. 15; PSD Photography: p. 16-17; Redpixel: p. 18, 23; Rusamee: p. 21

Library and Archives Canada Cataloguing in Publication

CIP available at Library and Archives Canada

Library of Congress Cataloging-in-Publication Data

CIP available at Library of Congress

Crabtree Publishing Company

www.crabtreebooks.com 1-800-387-7650

 Printed in the U.S.A./072022/CG20220201

 In Canada: We acknowledge the financial support of the Government of Canada through the Canada Book Fund for our publishing activities.

Published in the United States
Crabtree Publishing
347 Fifth Avenue, Suite 1402-145
New York, NY, 10016

Published in Canada
Crabtree Publishing
616 Welland Ave.
St. Catharines, ON, L2M 5V6